LES

SOLENNITÉS CHRÉTIENNES

—

CANTIQUES NOUVEAUX

POUR LE CULTE PUBLIC ET PRIVÉ

PAR

Athanase COQUEREL Fils

—

PARIS

AUX LIBRAIRIES PROTESTANTES

—

1875

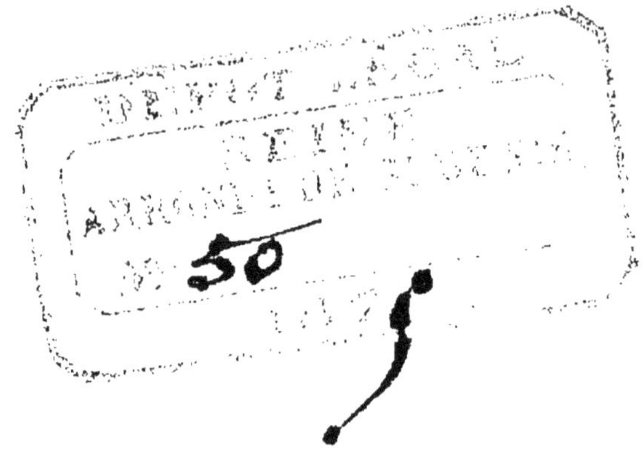

CANTIQUES NOUVEAUX

POUR LE CULTE PUBLIC ET PRIVÉ

SAINT-DENIS. — IMPRIMERIE J. BROCHIN.

LES
SOLENNITÉS CHRÉTIENNES

CANTIQUES NOUVEAUX

POUR LE CULTE PUBLIC ET PRIVÉ

PAR

Athanase COQUEREL Fils

PARIS

AUX LIBRAIRIES PROTESTANTES

—

1875

LES

SOLENNITÉS CHRÉTIENNES

Cantiques nouveaux pour le Culte public et privé.

Cantiques divers.

AVERTISSEMENT

Un pasteur retenu loin de son Église
par la maladie a essayé d'utiliser pour
elle, en quelque manière, ses loisirs forcés.
Il était préoccupé depuis longtemps de la
nécessité urgente d'améliorer notre chant
sacré ; il a tenté d'y contribuer pour sa
part, pendant bien des heures d'insomnie
et de longs mois d'immobilité. Il lui semble
que les cantiques en usage dans nos
Églises ne sont ni assez nombreux ni
assez variés et traduisent souvent peu

exactement les convictions chrétiennes de nos fidèles et leurs émotions pieuses, particulièrement aux jours de nos solennités annuelles.

On n'a pas cru pouvoir introduire de nouvelle musique dans notre culte, quelque désirable que soit cette innovation. Pour avoir plus de chance d'être utile immédiatement, on s'est volontairement borné à des airs fort connus et usités, qui se trouvent dans la plupart des recueils de Paris, Lyon, Nîmes, Genève, et dans les *Chants chrétiens* ou les *Chants de Sion*. On ne s'est pas permis d'en rééditer ici la musique; on s'est contenté d'y renvoyer et l'on espère que personne ne regrettera de voir sous des formes nouvelles, servir à l'édification chrétienne, des airs qui n'ont pas eu d'autre destination.

Un de nos cantiques (le xvie) est une traduction de l'anglais. L'original (*While thee I seek, protecting Power*), est fort répandu en Angleterre et en Amérique dans des Églises très-diverses. L'auteur, Miss H.-M. Williams, était une parente vénérée dont la pieuse mémoire est demeurée chère à son traducteur.

Les personnes qui s'étonneraient de quelques faits indiqués dans le cantique de Pentecôte (le ixe) en trouveraient les preuves historiques dans une savante et belle conférence du célèbre doyen de Westminster, M. A.-P. Stanley, sur les *Catacombes et la Religion des premiers chrétiens de Rome*, qui a été reproduite en français dans la *Revue politique* (août 1874). A une parole si compétente, l'auteur peut ajouter le témoignage de ce qu'il a vu dans les catacombes de Rome et de Naples, à Ravenne, au musée de Saint-Jean de Latran et à l'église Sainte-Constance.

Puissent ces hymnes, qui ont contribué souvent à consoler et à édifier celui qui les dictait, être utiles aux âmes qu'il ne peut autrement exhorter et à notre bien-aimée Église réformée de France, qui, plus que jamais, a besoin de la ferveur et du dévouement de tous ses enfants !

Aci-Reale, Février 1875.

DÉDICACE

A LA SOCIÉTÉ PROTESTANTE DE CHANT SACRÉ

I

Non, ce n'est pas en vain qu'ont passé dans le monde,
  S'élançant d'un bond jusqu'aux cieux
  Le poète à l'âme profonde
Et le maître enchanteur des sons mélodieux !

Ils sont morts ; mais leurs voix entraînantes, sublimes,
  N'ont pas cessé de retentir ;
  Partout, des vallons jusqu'aux cimes
L'écho dit leur amour, leur foi, leur repentir.

Eux seuls, aux pieds de Dieu, des saintes assemblées
  Inspirent et guident les chants ;
  Pour charmer les âmes troublées
Eux seuls ont des accords assez purs et touchants.

Quand languit dans les cœurs la ferveur oubliée

Ils peuvent seuls la réveiller :

L'âme s'ouvre, vivifiée ;

L'insensible de pleurs sent ses yeux se mouiller.

Quand le monde, trompant toutes les soifs de l'âme,

Éteint en moi le feu sacré,

Leur chant qui rallume sa flamme

Rend la vie et la force à mon cœur altéré.

II

Tel, le poète-roi dont la harpe vibrante.

De Saül calma les fureurs,

Après trente siècles, vivante,

Nourrit du monde entier les pieuses ardeurs.

Tel, Ambroise, prenant la coupe des louanges,

Du Te Deum sublime auteur,

Chante encore avec tous les anges :

Grand Dieu, nous te louons ; nous t'adorons, Seigneur.

Tels, vos fils Jesi, Pesaro, Palestrine,
    Modulent toutes les douleurs
    Au haut du Calvaire où s'incline
L'humble mère du Christ, les yeux baignés de pleurs.

Tel, le chantre éloquent des larges symphonies
    Prêtant à tous ses purs accents,
    Des créatures réunies
Fait monter jusqu'à Dieu la prière et l'encens.

Tel, Mozart, du milieu des ténèbres suprêmes
    Fait luire un rayon de soleil,
    Console les mourants eux-mêmes,
Offre au deuil l'espérance, à la mort le réveil.

Tel, des réformateurs, d'un saint Paul, d'un Élie,
    Un Mendelssohn sut retrouver
    L'enthousiasme et le génie,
Ravissant les mortels qu'ils ont voulu sauver.

Tel, Luther entonna l'hymne de délivrance :
    C'est un rempart que notre Dieu.
    Rome en vain prescrit le silence :
Le choral immortel lui répond en tout lieu.

Tels nos pères, la nuit, parmi les tristes restes
  Des sanctuaires démolis,
   Croyaient ouïr des voix célestes
Redire au haut des airs nos vieux psaumes proscrits.

III

Pour vous entendre tous, ô merveilleux poètes,
   L'Église enfin va s'élargir.
    Faites résonner, ô prophètes,
Sur l'orgue du passé l'hymne de l'avenir.

Et qu'à jamais, Seigneur, ta louange infinie
   Touche les cœurs, guide les voix,
    Déborde en torrents d'harmonie
Et remplisse la terre et les cieux à la fois.

LES
SOLENNITÉS CHRÉTIENNES

CANTIQUE I

Pour le premier Jour de l'Année.

1. Lorsqu'Israel voyait, en un beau jour de fête,
Son grand-prêtre, en priant, monter seul au saint lieu,
Deux mots tracés dans l'or, rayonnaient sur sa tête;
    Ces mots c'étaient : Je suis à Dieu !

2. A l'instant où pour moi va renaître l'année,
Je veux qu'elle ait au front les marques de ma foi,
Que de ton nom, Dieu saint, elle soit couronnée;
    Je veux la consacrer à toi.

3. Tu sais ce qu'elle amène et ton enfant l'ignore.
Qu'elle apporte, à ton gré, les douleurs et l'effroi,
Ou que de jours plus beaux elle annonce l'aurore,
    Mais sans me séparer de toi !

4. J'accepte, ô Dieu puissant, ce que ta Providence
Qui juge mieux que nous nos besoins et nos vœux,

Toujours aimante et sage, à tes enfants dispense ;
   Je veux, Seigneur, ce que tu veux.

5 Conserve cependant les miens sur cette terre ;
Du malheur et du mal garde mes bien-aimés.
Que tout le temps qui reste à notre amour resserre
   Des nœuds par toi-même formés.

6. Veille sur ma patrie et de ses malheurs même
Fais surgir sa grandeur et sa prospérité ;
Père, qu'elle te cherche, et te connaisse et t'aime !
   Donne-lui paix et liberté !

7. O bienfaiteur suprême, il faut que cette année
Réponde à tes desseins miséricordieux !
Aux progrès, dès ce jour, qu'elle soit destinée
   Et nous mûrisse pour les cieux !

CANTIQUE II

Préparation à la Communion.

Chant du Psaume LXXXIV.

I

1. Je t'aime et t'adore, ô mon roi !
Dieu de sainteté ! — Mais pourquoi
   Te suis-je souvent infidèle ?
   Tu hais le mal ; je le commets ;

Tu veux le bien et je l'omets ;
Malgré moi je te suis rebelle...
Dieu des consciences, pourquoi
Le péché règne-t-il en moi ?

2. O mon Père, en t'obéissant
Je me sens plus libre et plus grand ;
Mais le mal m'abaisse et m'enchaîne.
J'aime à croire à ta vérité ;
J'aime à faire ta volonté :
Au doute, au mal, qui donc m'entraîne ?
Dieu des consciences, pourquoi
Le péché règne-t-il en moi ?

3. Je suis disciple de ton Christ ;
Je te demande ton esprit ;
Je lis ton sublime Évangile
Et suis touché de sa beauté ;
Je rends gloire à ta charité...
D'où vient que mon zèle est fragile ?
Dieu des consciences, pourquoi
Le péché règne-t-il en moi ?

4. Ah ! c'est qu'un égoïsme étroit
Rend mon cœur infidèle et froid.
Il ferme mon âme endurcie
A ta loi sainte et m'en tient lieu.
C'est moi que j'aime et non pas Dieu.
L'égoïsme a rempli ma vie :

Dieu de sainteté, c’est pourquoi
Le péché vit et règne en moi.

II

5. Partout surgissent sur mes pas
Mille œuvres à faire ici-bas.
Comment vivrais-je pour moi-même
Quand partout tant d’êtres souffrants,
Tant de pauvres, tant d’ignorants
Me rappellent que Dieu les aime,
Et que sa divine bonté
Les confie à ma charité ?

6. Sur mon cœur, amis et parents,
Faibles vieillards, jeunes enfants,
Ont des droits plus sacrés encore.
M’oublier pour les rendre heureux,
Faire pour eux ce que je peux,
C’est te servir, Dieu que j’adore !
Hélas ! de mon trop peu d’amour
J’irai te rendre compte un jour.

7. Toute mon infidélité
N’a pu lasser ta charité.
A sa table Christ me convie ;
J’y viens implorer mon pardon,

De ton amour le plus beau don ;
Et mon offrande, c'est ma vie,
C'est tout ce que je puis, c'est moi !
Mon corps, mon âme sont à toi.

8. A mes frères sacrifié,
Avec Jésus crucifié
Que mon égoïsme s'immole !
A ma tiédeur arrache-moi.
Que tout mon cœur s'élève à toi !
Que nous vivions de ta parole !
Que le mal recule, vaincu
Devant ta gloire et ta vertu.

CANTIQUE III

Sainte Cène.

Chant du Te Deum : Grand Dieu, nous te louons.

I

1. Vers toi, Père de tous, il faut que tes enfants
Marchent, vainqueurs du mal, d'eux-mêmes triomphants ;
Montant de cieux en cieux vers toi, ton peuple immense
Cortège universel, se déploie et s'avance.

2. Sans ton divin appui, bronchant à chaque pas,
De ce but adoré nous n'approcherions pas.

Mais ta bonté commence et ta puissance achève ;
Ton amour nous attire et ton bras nous élève.

3. Du prodigue sauvé pour fêter le retour
S'ouvrent tous les trésors d'un immortel amour.
Aux apprêts du festin qu'en sa joie il ordonne,
Qui donc demandera si le Père pardonne ?

4. Pour nous lier à toi par les nœuds les plus doux
Au banquet du pardon tu nous assembles tous.
Fête des fils ingrats que leur Père convie,
Remplis nos faibles cœurs d'une nouvelle vie !

5. A ce festin de vie et d'immortalité,
Enfant de la poussière, ô frêle humanité,
C'est Dieu, ton Créateur, ton Père qui t'appelle ;
Et Jésus en mourant, t'en laissa le modèle.

II

6. Il veut que son esprit demeure avec les siens
Et les unisse à lui par d'éternels liens.
Prenez, mangez, dit-il, voici le pain de vie :
C'est mon corps, c'est ma chair que je vous sacrifie.

7. Avant l'instant cruel des séparations,
Voici le vin d'adieu, de bénédictions :
Prenez, buvez-en tous. La coupe d'alliance
Porte de main en main l'amour et l'espérance.

8. Comme un traité de paix reste à jamais scellé
Dès l'heure irrévocable où le sang a coulé,
Je meurs en vous léguant l'alliance nouvelle
Qu'entre le Père et tous mon sang consacre et scelle.

9. Oui, tout est accompli. Pour rendre aux cœurs
[touchés
L'accès auprès du Dieu qu'offensent leurs péchés,
Jésus n'épargne rien et par sa mort couronne
Le message d'amour du Dieu qui nous pardonne .

III

10. En ta présence, ô Dieu ! nul n'est grand ni petit.
Des plus pauvres haillons nul ici ne rougit ;
Et, sans être plus grand, le premier des monarques
De son pouvoir royal y porterait les marques.

11. Malgré l'indignité de nos débiles cœurs,
Jésus nous a faits rois et sacrificateurs.
Entre notre âme et Dieu plus d'intermédiaire :
Notre œil à découvert jouit de sa lumière.

12. C'est la grâce d'en haut qu'ici nous implorons,
Sous le poids des péchés sont courbés tous les fronts ;
Mais tous viennent chercher à la table du Père
Le pardon qui nous sauve et qui nous régénère.

13. Ici, toute discorde expire pour jamais,
Et, portant dans les cœurs la tendresse et la paix
Une chaîne d'amour descend du ciel à terre,
Liant chacun à tous et tous ensemble au Père.

14. Ici, la même foi rapproche des croyants
Qu'ont en vain séparés et l'espace et le temps.
Il n'ont tous qu'un seul père et sa famille embrasse
Les vivants et les morts qui le voient face à face.

15. Pour le bien et pour Dieu fidèles combattants,
Prophètes et martyrs, justes de tous les temps,
Morts aimés ! avec vous ici se renouvelle
Du plus humble croyant l'alliance éternelle.

CANTIQUE IV

Actions de grâces.

Chant du Psaume cxvi.

1. Mon cœur déborde et de joie et d'amour !
Tout don parfait, toute grâce excellente
Vient de toi, Père, et passe notre attente.
Comment assez te bénir en ce jour ?

2. Bonheur, repos, tout me semblait détruit ;
En moi déjà l'espérance était morte ;
Du désespoir la main pesante et forte
Glaçant mon cœur, me plongeait dans la nuit.

3. Mais à mes yeux se lève un nouveau jour,
Jour d'allégresse et de grâce infinie,
Où pour moi s'ouvre une nouvelle vie...
Que te rendrai-je, ô Dieu, pour tant d'amour !

4. Le baume saint qui guérit mes remords,
C'est ton pardon, Dieu de ma délivrance !
Il fait en moi revivre l'espérance,
Et de ta paix me rouvre les trésors.

5. Je sais à peine, en ce transport, Seigneur,
Comment j'ai pu transgresser ta loi sainte.
Je veux, du mal repoussant toute atteinte
Souffrir pour toi sans murmure et sans peur.

6. O cieux, son temple ! ô terre, son autel !
Soyez témoins qu'immuable et sacrée,
Avec mon Dieu l'alliance jurée
M'unit à lui par un pacte immortel !

7. Dieu m'a promis ses secours souverains :
Quoi qu'il arrive, il me sera fidèle.
Dans les combats, si ma force chancelle,
Il soutiendra mes défaillantes mains.

8. Je suis en paix, ô mon juge, avec toi !
Je suis en paix avec tes fils, mes frères ;
Et ton pardon qui couvre nos misères,
Nous unit tous, enfants du même roi.

9. Qui suis-je, ô Dieu, pour tant de charité ?
Je n'étais rien qu'un ingrat, un rebelle.
Mais Jésus-Christ à le suivre m'appelle
Et le ciel s'ouvre à mon indignité.

10. Demeure en moi, Seigneur, dès ce moment ;
Dès ce moment fais qu'en toi je demeure.
Fais-moi sentir ta présence à toute heure
Et règne en moi, règne éternellement.

CANTIQUE V

Gethsémané.

Chant : Parle, parle, Seigneur.

I

1. Il vous souvient encor de cette nuit cruelle,
O mont des Oliviers, sombre Gethsémané
Où priait, accablé d'une douleur mortelle,
Mon Sauveur prosterné !

2. Votre pâle feuillage et son ombre tremblante
Ne voilaient qu'à demi le Christ agenouillé
Sur le sol de rochers que sa sueur brûlante
    Et son sang ont mouillé.

3. Il s'écriait, saisi d'une horreur indicible,
Frissonnant tout entier d'un ineffable émoi :
« Ce calice est affreux; Père, s'il est possible,
    Qu'il passe loin de moi ! »

4. De la chair et du sang réprimant la tempête,
Faisant taire des sens le tumulte dompté,
« Mon Père, ajoutait-il, ta volonté soit faite
    Et non ma volonté. »

5. Deux fois il prie ainsi. Puis, ce calice horrible
A son immense amour ne cause plus d'effroi.
« Je l'accepte, dit-il, puisqu'il n'est pas possible
    Qu'il passe loin de moi. »

6. Il l'accepte ; et dès lors sa victoire est complète.
Rien ne troublera plus sa sainte majesté.
Il redit sans trembler : « Ta volonté soit faite
    Et non ma volonté ! »

7. « Levez-vous, car celui qui me trahit s'approche. »
Aussitôt répondant sans crainte, sans effort,
Au baiser de Judas par un touchant reproche,
    Il se livre à la mort.

II

8. Sans doute il a frémi des tortures infâmes
Où ses frères ingrats allaient briser son corps.
Sans doute il s'est ému du péril de leurs âmes
Pire que mille morts.

9. Mais qui dira, Jésus, dans ces heures funèbres
Si tes tristes regards d'avance n'ont pas vu
Sur tes pures clartés quelles noires ténèbres
Souvent ont prévalu ?

10. Si tu n'as pas souffert une douleur amère,
Même voyant de loin ton triomphe assuré,
En songeant que ta mort laissait sur notre terre
Le mal invétéré ?

11. Péchés de ton Église et souillures du monde,
Tes leçons, ton amour sans cesse méconnus
N'ajoutaient-ils pas tous à ta peine profonde
Un supplice de plus ?

12. Nous avons tous, ô Christ, part à ton agonie !
Car tu meurs en fondant le royaume des cieux ;
Mais tous nous retardons par notre indigne vie
Ton règne glorieux.

13. Tes larmes et ton sang à nos cœurs doivent rendre
Plus sacrés et plus chers ton exemple, ta loi,
Et dans Gethsémané les tiens doivent apprendre
    A souffrir comme toi.

14. Si l'épreuve ou la mort contemplées face à face
Font tressaillir d'horreur mon cœur épouvanté,
Père, je te dirai : Ta volonté se fasse
    Et non ma volonté !

CANTIQUE VI

Pour le Vendredi Saint.

Chant du Te Deum : Grand Dieu, nous te louons.

1. Il meurt,.. le mal triomphe ! Il meurt... tout est
                        [perdu !
Du haut de cette croix sur son peuple éperdu
L'horreur, le désespoir et l'angoisse descendent ;
Sur un monde aveuglé les ténèbres s'étendent.

2. La charité, le bien, le vrai, tout est tombé.
Dieu même avec son Christ semble avoir succombé.
Le Tout-Puissant vaincu loin de nous se retire...
Un grand cri retentit. Fuyons ! Jésus expire.

3. Tout est perdu ? Non, non. Mais tout est accompli.
Des grands décrets de Dieu pas un n'est aboli ;
Et seul, le dernier mot de cette voix mourante
Peut raffermir notre âme et combler notre attente.

4. Dieu n'est jamais vaincu, le mal jamais vainqueur.
Le désespoir nous trompe et nous abat le cœur,
Où tout semblait perdu, tout est sauvé d'avance :
Le bien, loin de céder, en conquérant s'élance.

5. Sur nos cœurs pleins de toi, règne, ô crucifié !
Ta mort rend gloire au Père ; il t'a glorifié.
Ta croix est plus qu'un trône, et cette heure suprême
Du plus touchant amour en fait l'auguste emblème.

6. Que notre foi, Chrétiens, grandisse sous la croix !
Que tes enfants, Seigneur, n'écoutent que ta voix
Quand tous les vents d'orage autour d'eux retentissent,
Et forts de ton appui, sans fléchir t'obéissent.

7. Que devant cette croix où brillent tes vertus,
L'égoïsme et l'orgueil reculent confondus,
Et que l'immense amour qui sauve et régénère
Nous jette tous, tremblants, aux pieds du même Père.

CANTIQUE VII

Pour la veille de Pâques.

LE DEUIL DE NICODÈME (Jean III, 1-13 ; XIX, 38-42).

Chant : Mon Dieu, quelle guerre cruelle.

1. Le Saint, le Juste, le Messie
Meurt délaissé, trahi, vendu,
Au bois infâme suspendu ;
Et pour ses meurtriers il prie,
Bénissant qui le crucifie...
Le peuple et Dieu l'ont entendu.

2. Mais priait-il, lui, l'intrépide
Que nul danger n'épouvanta,
Que jamais douleur n'arrêta,
Pour le troupeau tiède et timide
Qui l'abandonne et se décide
A fuir quand le péril est là ?

3. Dans l'ombre, un soir j'allai l'entendre.
La peur, hélas ! m'a retenu.
Ses bourreaux au moins n'ont pas su
Quel sang leurs mains allaient répandre,
C'était à moi de le défendre,
Pour Christ, je l'avais reconnu !

2.

4. Sa parole aimante et hardie
Ouvrant un plus large horizon,
Offrait à tous le nouveau don
D'une céleste et sainte vie ;
Et ma conscience ravie
Tressaillait sous son aiguillon.

5. Dès lors je ne pus méconnaître
Tant d'amour et tant de grandeur.
Dans le silence de mon cœur
Je l'avais accepté pour maître ;
Mais lorsqu'à lui je brûlais d'être
La crainte glaçait ma ferveur.

6. Des grands, des prêtres l'anathème
Frappa quiconque le suivrait ;
Je vis trop qu'il les braverait,
Je vis son indigence extrême,
Je n'osai me trahir moi-même :
J'aimai, je crus, mais en secret.

7. Au Christ si j'eusse été fidèle,
J'aurais servi la vérité,
A son peuple, à l'humanité
Apportant la bonne nouvelle...
Grâce pour l'ingrat, le rebelle
Et son oisive lâcheté !

8. Tardifs regrets ! tendresse vaine !
Je réclame, en pleurant, son corps,
Ma vie, hélas ! ni mes trésors
N'expieront pas ma peur mondaine.
Maître ! quelle puissance humaine
Pourrait te rendre à mes remords ?

9. Ah ! prodiguons notre tendresse
A ceux qu'elle doit rendre heureux !
Chaque instant peut rompre nos nœuds :
Dévouons-nous ! Le temps nous presse.
Tremblons que la mort ne nous laisse
Seuls avec des remords affreux.

CANTIQUE VIII

Pour le jour de Pâques.

Chant : Je suis à toi. Gloire à ton nom suprême.

1. La mort n'est rien. — Rien n'est vrai que la vie.
Dieu nous la donne et Dieu nous la maintient :
Qui peut nier sa durée infinie ?
    La vie est tout ; la mort n'est rien.

2. Parmi les morts pourquoi chercher encore
Celui qui vit ? Ses douleurs sont à bout.
Il est heureux près du Dieu qu'il adore :
    La mort n'est rien ; la vie est tout.

3. Christ sur la mort remporte la victoire.
C'est de sa croix qu'il dit au mourant : Viens
Aujourd'hui même, avec moi, dans la gloire.
    La vie est tout, la mort n'est rien.

4. De sa prison, l'âme échappe, ravie.
Tout ce qu'elle eut de mortel se dissout,
S'anéantit, absorbé dans la vie.
    La mort n'est rien ; la vie est tout.

5. Celui qui croit a la vie éternelle ;
Elle est à lui. C'est sa force et son bien.
Je sens en moi vivre une âme immortelle !
    La vie est tout ; la mort n'est rien.

6. Pour le croyant la mort même est féconde :
Le corps tombé, l'âme reste debout,
Prête à grandir, sans fin, de monde en monde.
    La mort n'est rien ; la vie est tout.

7. Vivez en Dieu de la nouvelle vie,
Nos morts chéris ! Un espoir nous soutient :
Voir avec vous la céleste patrie.
    La vie est tout ; la mort n'est rien.

8. Qui naît mourra, mais qui meurt ressuscite ;
Rien ne se perd et Dieu règne partout ;
Avec son Christ à renaître il m'invite.
    La mort n'est rien ; la vie est tout.

CANTIQUE IX

Pour la fête de Pentecôte.

ALLÉGRESSE ET SIMPLICITÉ DES PREMIERS CHRÉTIENS

(Actes ii, 16.) Chant du Psaume LXVI.

1. Transports de joie et d'allégresse,
Pure simplicité de cœur,
De l'Église aimable jeunesse,
Sa plus belle et première fleur,
Quel effroi, quel trouble funeste
Dès longtemps vous ont remplacés?
Calme si doux, ô paix céleste,
Quels orages vous ont chassés?

2. Partout alors d'heureux symboles
Épanouis de toutes parts,
Et les plus nobles paraboles
Réjouissaient tous les regards.
C'était la brebis égarée
Que le bon pasteur, jeune et beau,
Charmé de l'avoir recouvrée
Rapporte en triomphe au troupeau.

3. Parfois, plus hardie et touchante
On a vu l'image changer :

Ce n'est plus la brebis errante
Que rapporte l'heureux berger :
Pour montrer que la grâce abonde
Où jadis le péché sévit,
C'est un être naguère immonde ;
C'est le bouc autrefois maudit.

5. Voici l'emblème des vendanges.
Sur les voûtes on voit encor
Cultiver par de jeunes anges
La vigne aux fruits de pourpre ou d'or.
Jésus est le cep qui s'élève
Et nous en sommes les sarments,
Féconds en vivant de sa sève,
Sans lui stériles et mourants.

5. Tout prêche une nouvelle vie :
L'eau transformée en vin puissant,
Au désert la foule nourrie,
Du roc la source jaillissant !
Jonas survit à la tempête ;
Le paralytique guérit ;
Aux lions échappe un prophète ;
Avec Lazare tout revit.

6. Le tombeau d'un fils, d'une fille
Partis les premiers pour le ciel,
L'humble lampe de la famille,
La coupe d'amour fraternel

Portaient un mot sublime et tendre
Qu'aux mourants, pour dernier adieu
La voix des leurs faisait entendre ;
Ce mot dit tout : Vivez en Dieu !

7. Héritiers de l'antique Église,
De sa foi, de ses libertés,
Fuyons de ce qui nous divise
Les stériles obscurités.
Qu'en nous l'esprit de Dieu déploie
Allégresse et simplicité !
Par l'amour, la paix et la joie
Christ a sauvé l'humanité.

CANTIQUE X

Pour la réception des Catéchumènes.

Chant du Psaume cxxxviii.

I

(Les Parents seuls, ou l'Assemblée).

1. En ta sainte garde reçois
O notre Dieu, nos fils, nos filles !
Enfants bien-aimés, c'est à toi
Que les consacrent leurs familles !

Suis-les, sans t'éloigner jamais,
Car en périls leur route abonde.
Du mal, Seigneur, préserve-les !
Mais sans les retirer du monde.

II

(Les Catéchumènes seuls.)

2. Nous sommes faibles et le mal
Contre toi combat dans notre âme ;
Pour vaincre son attrait fatal
Que ton zèle, ô Dieu, nous enflamme !
Sacrifice saint et vivant,
A toi dont tous les biens nous viennent,
Nous offrons nos corps, Dieu puissant,
Et nos esprits qui t'appartiennent !

3. Culte en esprit, en vérité,
De Jésus sublimes paroles,
Ici tout est réalité,
Ici point de pompes frivoles.
Ce que nous te vouons, Dieu Saint,
Ce que tu veux, ce sont nos vies.
De dévouement pour le prochain,
De progrès, qu'elles soient remplies !

III

(Tous.)

4. Roi des siècles, jusqu'à nos jours
A travers mille et mille orages,
Notre Église, avec ton secours,
A pu braver tous les naufrages.
Gloire à toi ! De nouveaux enfants
Fiers de sa glorieuse histoire
Prennent leur place dans ses rangs
Pour ton service et pour ta gloire.

5. Sur le bûcher et l'échafaud,
Grand Dieu qui soutenais nos pères,
Qui leur maintins le cœur si haut
Dans les cachots, sur les galères...
De peur qu'on dise : Leur esprit
De foi, de vertu, de constance
En leurs héritiers s'éteignit,
Prête-nous la même assistance.

6. Qu'à notre tour, dans tes combats
Nous sachions tous t'être fidèles ;
Nous retirer, blessés et las,
Sous l'ombre sainte de tes ailes,
Vaincre ainsi le monde et le sort,
Et quand l'Ange de délivrance
Sonnera l'heure de la mort,
Nous endormir dans l'espérance.

CANTIQUE XI

Pour la Fête de la Réformation.

Choral de Luther.

1. L'Église esclave, loin de Dieu
   Errait dans les ténèbres;
Son deuil remplissait le saint lieu
   De ses plaintes funèbres.
   Mais Dieu la secourut:
   La liberté parut!
     La terre entière
   Appelait la lumière:
Dieu dit, et la lumière fut.

2. Comme aux jours où tout Israel
   Espérait le Messie,
L'Église en pleurs attend du ciel
   Une nouvelle vie.
   Viens, esprit créateur!
   Noël! en chaque cœur,
     Tu vas renaître,
   Seul infailllible Maître,
   Universel libérateur!

3. Luther, quand la force prétend
   Que la foi plie et cède,
Répond : Je ne puis autrement ;
   Que Dieu me soit en aide !
   La moitié des Chrétiens
   Brise alors ses liens
      Et te rend gloire
   O Dieu ! pour la victoire
Qui des cieux les fait citoyens.

4. Reprends ta marche, humanité !
   Un grand prophète crie :
Marchons ! l'obstacle est surmonté ;
   La voie est aplanie.
   Progrès victorieux,
   Prends un essor joyeux !
      Et toi, pensée,
   Vers Dieu même élancée,
Il t'appelle au plus haut des cieux !

5. Trempé de leur sang, de leurs pleurs,
   Notre sol vit nos pères,
Pendant trois siècles de douleurs
   Vivre et mourir sincères.
   Indépendants comme eux,
   Léguons à nos neveux,
      O chère France !
   Ta plus belle espérance,
La libre foi de nos aïeux.

6. Fille auguste de Jésus-Christ,
   Tiens ferme, ô notre Église,
L'austère liberté d'esprit
   Où lui-même t'a mise.
   Jamais d'un joug nouveau
   N'accepte le fardeau.
      L'esprit fait vivre !
   Seul, pour toi, le saint livre
De tout progrès est le drapeau.

7. Réformateurs, à l'œuvre encor
   Le Maître vous convie.
La foi s'épure comme l'or.
   Sa richesse infinie
   Sans cesse offre à nos cœurs
   De nouvelles splendeurs,
      Et la mort même,
   De la gloire suprême
Nous ouvrira les profondeurs.

CANTIQUE XII

Pour la Collecte à l'entrée de l'hiver.

Chant : Céleste voix qui nous convies.

1. Voici l'hiver et son cortége,
Ou de plaisirs ou de douleurs.

O toi que l'aisance protége,
Du malheureux entends les pleurs.
Enfant du ciel, il est ton frère !
Et ce frère déshérité
Votre divin et commun Père
Le confie à ta charité.

2. Les biens que chaque jour dispense
Aux tiens sous ton toit réunis,
Ces biens sans lesquels l'existence
N'est que souffrance et noirs soucis,
Dieu te les donne et t'en demande
Pour ses enfants sans feu ni lieu,
Une part généreuse et grande :
Qui donne aux pauvres prête à Dieu.

3. Faut-il que le pauvre Lazare
Mourant et nu, demande en vain,
Frissonnant au seuil de l'avare,
Quelque miette du festin ?
Non, Dieu qui hait l'indifférence,
Sur l'égoïste aux sens blasés,
Vengerait la longue souffrance
De tant de frères délaissés.

4. O vous qui connaissez l'épreuve,
Vous qu'a dépouillés le malheur,
La faible aumône de la veuve
Est grande devant le Seigneur.

Dieu mesure son indigence ;
Son sacrifice est accepté ;
Le riche ôte à son opulence,
Elle ajoute à sa pauvreté.

5. Parents dont la tendresse heureuse
Souvent s'alarme pour vos fils,
Plaignez la misère hideuse
D'enfants malingres et flétris.
Songez aux terreurs de leur mère ;
Votre or peut les chasser bien loin.
Pour son enfant aimez à faire
Ce dont le vôtre aurait besoin.

6. Que ta sentence est redoutable,
Juge des vivants et des morts !
En bannissant l'impitoyable
Dans les ténèbres du dehors
Tu nous dis : Bénis de mon père,
Je fus pauvre ; j'eus faim, j'eus froid ;
Quand vous eûtes pitié d'un frère,
Ce frère indigent, c'était moi !

7. Pour la famille et la patrie,
Sachons hâter ces meilleurs jours
Où notre sol, notre industrie
Auront pour tous d'amples secours.

Mais hélas! de justes demandes
Retentissent de toutes parts :
Que deviendraient, sans nos offrandes,
Malades, enfants et vieillards ?

CANTIQUE XIII

Pour le jour de Noel.

Chant du Psaume LXXXIX.

1. Noel! Noel! il vient de naître
Pour le salut du genre humain,
Celui qui sera notre Maître,
Notre bienfaiteur souverain!
Gloire aux cieux et paix sur la terre
A tout homme de bon vouloir!
Noel! Noel! Dieu notre Père
Aux cœurs angoissés rend l'espoir.

2. Noel! Noel! Le jour va luire;
La nuit se dissipe et s'enfuit.
Au ciel Jésus veut nous conduire
Un nouvel astre y resplendit :
C'est l'étoile de la justice!
C'est le soleil de sainteté!
Noel! Noel! qu'il resplendisse
Sur nous à toute éternité!

3. Noel ! Noel ! La terre entière
Hérite d'un peuple endurci.
Pour tous les yeux luit la lumière ;
Tout privilége est aboli.
Celui qu'Israel seul implore
Devient le Dieu, Père de tous.
Noel ! Noel ! Que tout l'adore ;
A lui, mortels, consacrons-nous !

4. Noel ! Noel ! Plus d'interprètes
Entre la conscience et Dieu !
Israel n'a plus de prophètes ;
L'esprit d'en haut nous en tient lieu.
Dieu lui-même parle à toute âme.
Dans tous les cœurs luit sa clarté.
Noel ! Noel ! Qu'il nous enflamme
De zèle pour la vérité !

5. Noel ! Noel ! Si la sagesse
Commence en qui te craint, Seigneur,
Elle s'achève et croît sans cesse
Quand ton amour remplit le cœur.
Tu n'es plus le Dieu des vengeances,
Un Dieu foudroyant et jaloux.
Noel ! Noel ! De nos offenses
Ta bonté veut nous sauver tous.

6. Noel ! Noel ! Plus de barrières
Entre les peuples désormais !

Qu'au-dessus de toutes frontières
Flotte l'étendard de la paix !
Aimons-nous ! Dieu nous le demande
Au nom de son immense amour.
Noel ! Noel ! Pour seule offrande
Il veut nos cœurs en ce grand jour.

CANTIQUE XIV

Le Patriotisme chrétien.

POUR UNE FÊTE NATIONALE.

Chant du Te Deum : Grand Dieu, nous te louons.

1. Grand Dieu, je suis à toi ! Famille, humanité,
Vous avez sur mon âme un droit incontesté !
Mais tes droits ne sont pas moins sacrés, ô patrie,
Ma mère vénérée et tendrement chérie

2. Quand je te vois en proie à l'outrage, aux douleurs
Je voudrais que mon sang pût racheter tes pleurs.
Mais je rends grâce à Dieu dans la paix et la joie,
Quand ton génie heureux largement se déploie.

3. Aux rives de l'Euphrate, Israel enchaîné,
Refusait hautement à son maître étonné
De reprendre sa harpe aux saules suspendue,
Autrefois par Dieu même en son temple entendue.

3.

4. « Psaumes du Dieu vivant, qui relevez nos cœurs,
Quoi ! vous amuseriez nos barbares vainqueurs !
Si j'outrage ainsi Dieu, mon pays et ma race,
Que ma main se flétrisse et ma langue se glace ! »

5. Libérateur de tous, sauveur du genre humain,
Du vieux monde à tes pieds tomba le mur d'airain,
Et la Fraternité naquit à ta lumière,
Mais ton peuple eut toujours ta tendresse première.

6. La poule sous son aile assemble ses poussins,
Mais Juda méconnaît tes paternels desseins ;
Au milieu d'un triomphe, en pleurant, tu t'arrêtes
Devant la ville ingrate où meurent les prophètes.

7. Nous vous comprenons trop, patriotiques pleurs,
Car les fureurs du glaive ont déchiré nos cœurs ;
Fais-nous la grâce, ô Dieu, père de la patrie,
De la voir désormais plus forte et plus unie.

8. Accepte, ô Dieu, pour elle, et bénis nos efforts.
Que tant d'humbles héros qui pour elle sont morts
N'aient pas souffert en vain pour sa paix et sa gloire.
Que son peuple en profite et garde leur mémoire.

9. Que s'élevant vers toi sur l'aile des malheurs,
Elle grandisse encor de toutes ses douleurs ;
Ta vertu vive en elle et ta splendeur l'éclaire.
Des enfants de la France exauce la prière.

CANTIQUE XV

Fête des Écoles.

JÉSUS ET LES PETITS ENFANTS.

Chant : Parle, parle, Seigneur.

I

1. Jésus était si bon, sa parole si tendre,
Que ceux qui l'écoutaient en restaient tout émus ;
Et les petits enfants pour le voir et l'entendre,
Accouraient à Jésus.

2. Tous ils faisaient silence, et leur heureuse mère
Vit qu'ils le comprenaient et ne l'oublieraient pas.
Il en vint de petits qui rampaient sur la terre
Pour être dans ses bras.

3. Alors il leur disait ses belles paraboles :
Le blessé que guérit le bon samaritain,
La brebis égarée ou les cinq jeunes folles
Dont la lampe s'éteint.

4. Mais il était si grand, et les hommes ses frères
Avaient tant faim et soif de ses enseignements,
Que plusieurs s'irritaient, réprimandaient les mères
Et chassaient les enfants.

5. « Et ces jeunes enfants, et ceux qui leur ressemblent
Laissez-les tous venir à moi, disait Jésus.
Lorsque les plus petits, autour de moi s'assemblent,
    Ils sont les bienvenus. »

II

6. Jésus, Notre Seigneur, ne vit plus sur la terre ;
Aucun de nous n'a pu l'entendre ni le voir ;
Et pourtant ce qu'il dit à l'enfant, à la mère,
    Nous pouvons le savoir :

7. Il leur apprit que Dieu nous protége et nous aime,
Qu'en lui nous avons tous un père dans le ciel,
Qu'il étend sur tout homme et sur les enfants même,
    Son amour paternel.

8. Il leur dit que jamais Dieu ne nous abandonne,
Qu'en courage, en sagesse il veut nous voir grandir,
Qu'il déteste le mal, mais qu'en père il pardonne
    A tout vrai repentir.

9. De tout notre pouvoir servons un si bon maître ;
Si nous marchons vers lui de progrès en progrès,
Dans le ciel près de Dieu nous pourrons le connaître
    Et l'aimer de plus près.

CANTIQUES DIVERS

CANTIQUE XVI

Confiance en Dieu.

Chant : Je chanterai, Seigneur, tes œuvres.

1. Quand c'est toi que je cherche, ô pouvoir tutélaire,
J'impose le silence aux terrestres soupirs ;
Je veux que les instants voués à ma prière
Soient pleins des célestes désirs.

7. Ton amour, à mon âme, a donné la pensée ;
Et ma pensée à toi s'élève chaque jour.
Sur ma vie à grands flots ta bonté s'est versée ;
Et je rends grâce à ton amour.

3. En tout événement, qu'il m'élève ou m'accable,
Je reconnais, Seigneur, et j'adore ta main.
Toute joie est pour moi plus vive et plus aimable,
Venant de ton amour divin.

4. Que d'un éclat nouveau mon bonheur resplendisse,
Ou que d'affreux malheurs l'éclair sinistre ait lui,
Ta louange, grand Dieu, sera tout mon délice
 Et la prière, mon appui.

5. Si mes jours enchantés passent comme une fête,
Je les veux consacrer à louer ta bonté.
Résigné, si je vois éclater la tempête,
 J'accepterai ta volonté.

6. Mes yeux fixés au ciel regarderont sans larmes
L'orage amoncelé prêt à fondre sur moi.
Mon cœur, inébranlable au milieu des alarmes,
 Sait qu'il a son refuge en toi.

CANTIQUE XVII

L'Abattement.

Chant : L'Éternel seul est Seigneur.

1. Tout est vide sans la foi.
A me tenir lieu de toi,   (*bis.*)
Grand Dieu ! rien ne peut suffire.
Las des erreurs d'ici-bas   (*bis.*)
Et brisé dans cent combats
A ta paix mon cœur aspire.

2. Tout nous échappe à l'instant
Où nous pensions fermement   (*bis.*)
Saisir un bonheur durable ;
Mais toi seul es éternel.   (*bis.*)
Hors ton amour paternel
En ce monde rien n'est stable.

3. Tout arrête nos travaux,
Et nous voyons les plus beaux   (*bis.*)
Se briser à maint obstacle.
Toi seul ne trompas jamais :   (*bis.*)
Des infaillibles bienfaits
Ton Évangile est l'oracle.

4. Tout froisse nos faibles cœurs ;
De nos frères les meilleurs   (*bis.*)
N'ont pu toujours nous comprendre.
Quand c'est toi que nous prions   (*bis.*)
Ce que nous balbutions,
Ton oreille sait l'entendre.

5. Angoissés comme Jésus,
Tous nos sens se sont émus   (*bis.*)
A l'aspect du noir calice.
Mais comme lui nous dirons :   (*bis.*)
Père saint, nous l'acceptons ;
Ta volonté s'accomplisse.

6. D'hommes pécheurs et petits,
A tes pouvoirs infinis   (*bis.*)
La distance est sans mesure.
Mais nous sommes tes enfants ;   (*bis.*)
En ta vertu, triomphants,
Père, ton nom nous rassure

CANTIQUE   XVIII

L'Alléluia universel [1].

Chant : Du rocher de Jacob.

1. Quand la terre au printemps reprendra sa parure,
La vie universelle en chœur te saluera,
Alléluia (*quater.*)
Inépuisable Dieu (*bis*) Père de la nature.
Alléluia. (*bis.*)

2. Souvent, du faux au vrai la raison balancée,
Hésite. — Jésus dit : Qui cherche trouvera.
Alléluia (*quater.*)
Esprits, volez vers Dieu (*bis*) Père de la pensée !
Alléluia. (*bis.*)

[1] Alléluia signifie : *Louez Dieu!*

3. Ne dis plus, malheureux brisé par la souffrance,
Qu'au comble des douleurs ton Dieu t'abandonna.
Alléluia (*quater*.)
Ton refuge est en Dieu (*bis*) Père de l'espérance.
Alléluia. (*bis*.)

4. Si quelque âme égarée et cherchant un asile
Entend ta voix, Seigneur! elle te répondra :
Alléluia (*quater*.)
J'ai trouvé le vrai Dieu (*bis*) Père de l'Évangile.
Alléluia. (*bis*.)

5. Je me perdais, en proie aux lâches défaillances.
Du mortel désespoir Jésus-Christ me sauva.
Alléluia (*quater*.)
Le pardon vient de Dieu (*bis*) Père des délivrances.
Alléluia. (*bis*.)

6. Père heureux qui bénis ou ton fils ou ta fille ;
Ta prière attendrie au ciel s'élèvera :
Alléluia (*quater*.)
En rendant grâce à Dieu (*bis*) Père de la famille.
Alléluia. (*bis*.)

7. Ne crois pas pour toujours ta joie évanouie,
Mère en pleurs ; ces enfants que la mort t'enleva
Alléluia (*quater*.)
T'attendent près de Dieu (*bis*) le Père de la vie.
Alléluia. (*bis*.)

8. Celui qui croit en Christ a la vie éternelle,
Pourquoi craindre la mort ? Elle m'enrichira.
Alléluia (*quater.*)
Reçois de ton enfant (*bis*), Père, l'âme immortelle !
Alléluia. (*bis.*)

9. Si les peuples enfin gardaient mieux la mémoire
Des sévères leçons que le sort leur donna
Alléluia (*quater.*)
Ils glorifieraient Dieu (*bis*) le Père de l'histoire,
Alléluia (*bis.*)

10. France, relève-toi, mère auguste et chérie ;
Ton bonheur t'égarait ; ton deuil te grandira
Alléluia (*quater.*)
Dieu le veut ! crois en Dieu (*bis*), Père de la patrie,
Alléluia. (*bis.*)

CANTIQUE XIX

La Paix de Dieu.

Chant : Sur ton Église universelle, 172, *Chants chrétiens*

1. Grand Dieu, que toute âme est à plaindre,
Qui, hors de ce monde agité
Où vivre c'est lutter et craindre,
N'a pas un refuge écarté,
Où pour prier sans se contraindre
Elle se trouve en liberté ! } *bis.*

2. Mais comment échapper au monde
Qui nous presse de toutes parts?
Quelle retraite assez profonde
Peut nous cacher à ses regards?
O mer, en tempêtes féconde,
Sur quel rocher fuir tes hasards ? } *bis.*

3. Il faut que ce paisible asile
A l'abri des vents et des flots,
Inébranlable comme une île
Dont rien ne trouble le repos,
Du dehors sur son sol tranquille
Entende à peine les échos. } *bis.*

4. Doux abri, retraite assurée,
Je ne puis vous trouver qu'en moi;
Mais hélas ! mon âme égarée
Qui se replie avec effroi,
Au lieu de la paix espérée,
Des passions ressent l'émoi. } *bis.*

5. Avant qu'en moi le calme règne,
Il faut que Dieu seul règne en moi ;
Il ne suffit plus qu'on le craigne :
Il faut qu'on l'aime plus que soi,
Que l'égoïsme se contraigne
Amour saint, à subir ta loi. } *bis.*

6. Du cœur le partage funeste
Rend impossible cette paix :
En suspens si mon âme reste
Dieu n'y demeurera jamais.
Descends en moi, calme céleste!
O paix divine, en moi renais! } *bis.*

7. Ma conscience est ton domaine :
Que toi seul y règne, Seigneur!
Plus haut que la sphère mondaine
Élève et garde mon bonheur.
Que ta présence souveraine
Apaise et remplisse mon cœur! } *bis.*

CANTIQUE XX

La Gloire de Dieu.

(II Cor. III, 18.)

Chant : O Dieu de vérité, pour qui seul je soupire.

1, Qui sommes-nous, grand Dieu, pour célébrer ta
[gloire ?
Quels discours, quels accords seraient dignes de toi ?
Puis-je de tes splendeurs faire admirer et croire
La merveilleuse histoire,
Qu'à peine j'entrevois ?

2. Nos chants ajoutent moins à ta gloire infinie
Qu'à l'éclat du soleil un lumignon fumant.
Des mondes et des cieux la sublime harmonie
    Serait anéantie
    Sans te rendre moins grand.

3. C'est pour nous qu'il est beau, pour nous qu'il est
D'élever jusqu'à toi nos voix et nos esprits,   [utile
Et, fuyant loin d'un monde à ton amour hostile,
    De chercher un asile
    Dans la gloire où tu vis.

4. C'est par pitié pour nous que tu prêtes l'oreille
A l'impuissante voix de tes humbles enfants,
Et pour que ton amour dans nos âmes s'éveille
    Ta bonté te conseille
    D'ouïr nos faibles chants.

5. A contempler, Seigneur, ta lumière éclatante,
Toute l'âme s'épure en s'élevant à toi;
Et, brisant du péché la chaîne avilissante,
    Monte aux cieux triomphante
    Sur l'aile de la foi.

6. Ainsi, de gloire en gloire, il faut que l'homme avance,
Te contemplant sans voile et t'approchant sans fin,
Grandissant, transformé selon ta ressemblance,
    Par la toute-puissance
    De ton esprit divin.

CANTIQUE XXI

La Conversion de Zachée.

(Luc XIX, 1-11.)

Chant : Mon Dieu, quelle guerre cruelle.

I

1. Comme une infâme et lourde chaîne,
Pèsent sur moi tous mes péchés.
Même oubliés, même cachés
Tout leur poids aggrave ma peine.
Partout après moi je les traîne
Sans cesse à leur proie attachés.

2. Mon cri d'angoisse et de détresse
Par Dieu ne peut être entendu.
Contre moi l'arrêt est rendu ;
La loi se venge sans faiblesse,
Le ciel est sourd ; Dieu me délaisse ;
Il est trop tard ; je suis perdu.

3. Des saints, des justes de la terre
Les durs mépris m'ont accablé.
Sans pitié pour mon cœur troublé,
Ces Pharisiens que l'on révère
Ont vu ma repentance amère
Et mon désespoir redoublé.

II

4. O nouvelle étrange, trop bonne,
Dont tout mon être a tressailli !
On dit qu'un prophète a surgi,
Un saint qui ne maudit personne
Et proclame que Dieu pardonne
A quiconque s'est repenti.

5. Il faut, il faut que je le voie !
Sans crainte à lui j'aurai recours.
Je veux une part des secours
Du Dieu clément qui nous l'envoie.
Ah ! s'il est vrai, de quelle joie
Vont s'éclairer mes sombres jours !

6. Je l'ai vu ! c'est plus qu'un prophète.
C'est le Christ, Fils du Dieu vivant !
Il me regarde, il me comprend,
Près de moi le Sauveur s'arrête,
Il prévient mon humble requête ;
Jusqu'à moi sa bonté s'étend.

7. Dieu ne pousse point dans l'abîme
Le pécheur qui pleure à ses pieds.
Aux pénitents humiliés
Il daigne pardonner leur crime ;
Une paix nouvelle et sublime
Remplit leurs cœurs sanctifiés.

8. Ce que j'acquis par l'injustice
Au quadruple je le rendrai.
La moitié de tout ce que j'ai,
Je l'offre au pauvre en sacrifice,
Afin qu'avec moi tout bénisse
Le Maître que je servirai.

9. Je suis à toi, Dieu que j'adore.
Tu m'as racheté dans ce jour.
Le monde, qu'en vain on implore,
M'avait condamné sans retour.
Que puis-je, ô Dieu, que puis-je encore
Pour répondre à tout ton amour ?

CANTIQUE XXII

Triomphe de saint Paul.

(II Tim. IV, 7-8.)

Chant : Grand Dieu, nous te bénissons.

1. J'ai livré le bon combat
Et ma course est achevée.
J'ai la foi que rien n'abat ;
La palme m'est réservée.
La couronne du vainqueur,
Tu me la gardes, Seigneur !   } bis.

2. Des faux dieux brisant l'autel,
Abrogeant, comme inféconde,
L'antique loi d'Israel,
J'émancipai le vieux monde.
Et de Jésus ardent soldat
J'ai livré le bon combat.   } *bis.*

3. Vieil athlète! touche au but!
Ta force, en Dieu ranimée
A duré ce qu'il fallut
Et ta course est terminée.
Rends donc à Dieu ton esprit
Et triomphe avec Christ.   } *bis.*

4. J'ai gardé toute ma foi.
Ferme, après plus d'un naufrage
Elle vit et règne en moi,
Et grandissant dans l'orage
Jusqu'aux cieux m'élèvera.
Là, quiconque a cru vivra!   } *bis.*

5. Eh quoi! juste juge, à moi
La couronne est réservée ?
Grâce et gloire soient à toi!
De ses misères sauvée
Au ciel l'âme du croyant
Se transforme en te voyant.   } *bis*

4

6. Aux disciples du Sauveur,
Qu'importe leur long martyre ?
De ce monde la faveur
N'a rien que leur cœur désire :
Si pour Jésus nous souffrons,
Avec lui nous règnerons.

CANTIQUE XXIII

Le Chant des plus petits.

Chant du Psaume cxxxviii.

1. Nous ne sommes que des enfants,
Mais nous savons que Dieu nous aime,
Il veut nous voir obéissants
A nos parents comme à lui-même.
Quoique nous soyons bien petits,
Il écoute notre prière.
La terre et le ciel sont remplis
De la grandeur de notre Père.

2. Pour m'ôter la faim et le froid,
Tout ce que ma mère me donne,
De Dieu ma mère le reçoit.
Jamais Dieu ne nous abandonne ;

Il nous donne à tous notre pain.
C'est lui qui fait sortir de terre
L'herbe, les fleurs, les fruits, le grain.
Il a fait aussi la lumière.

3. Petits oiseaux, Dieu vous nourrit,
Et tous les jours à ce bon Père
Vous devriez dire merci ;
Mais vous ne pouvez pas le faire.
Petits oiseaux, moi je le peux !
Et je lui dis : Mon Dieu, mon Père,
Merci pour moi, merci pour eux
Et pour tout ce qui vit sur terre.

4. Dieu voit tout, même dans la nuit ;
Nuit et jour, notre Dieu nous garde.
Partout où je vais il me suit ;
Ce que je fais il le regarde ;
Tout ce que je dis, il l'entend ;
Il sait même ce que je pense.
Dieu juste, il punit le méchant
Et donne au bon la récompense.

5. O mon Dieu, très-bon et très-grand,
Je veux t'obéir et te plaire.
Ce que ma mère me défend
Je ne veux jamais plus le faire.

O mon Dieu, très-bon et très-grand,
Rends heureux mon père et ma mère,
Et rends bien sage leur enfant
Qui t'aime et qui voudrait te plaire.

FIN.

Saint-Denis. — Imprimerie J. Brochin.